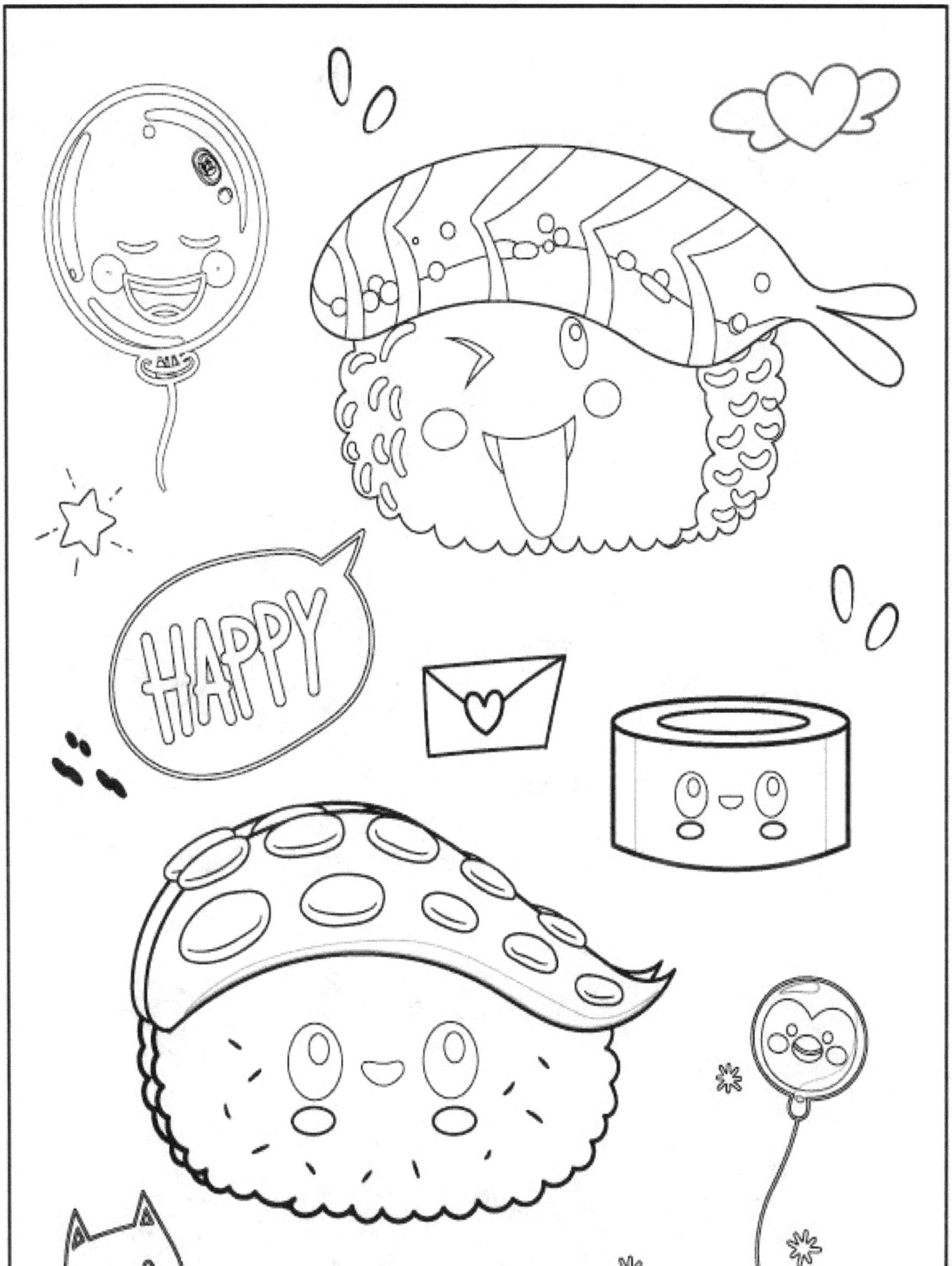
HAPPY

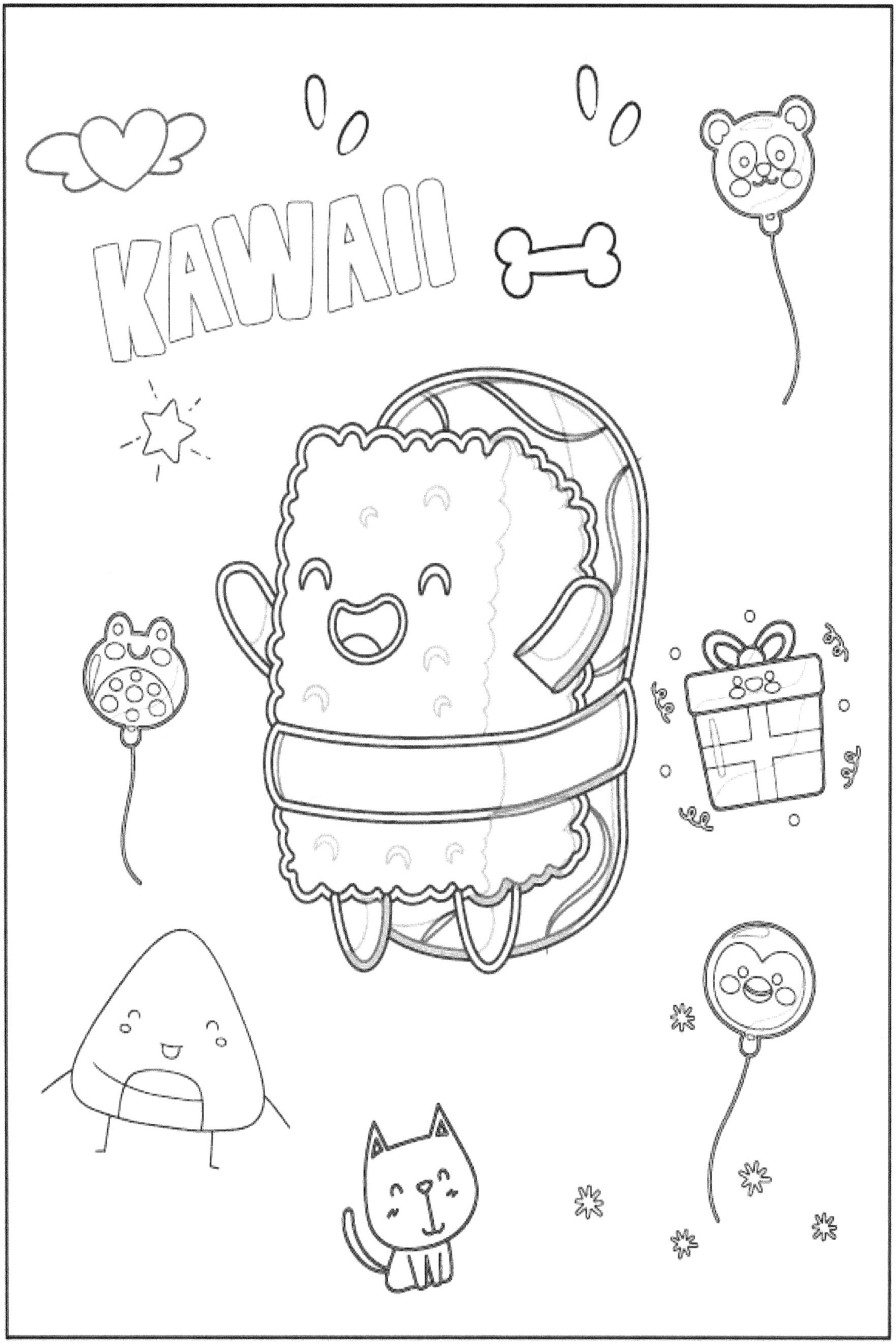
KAWAII

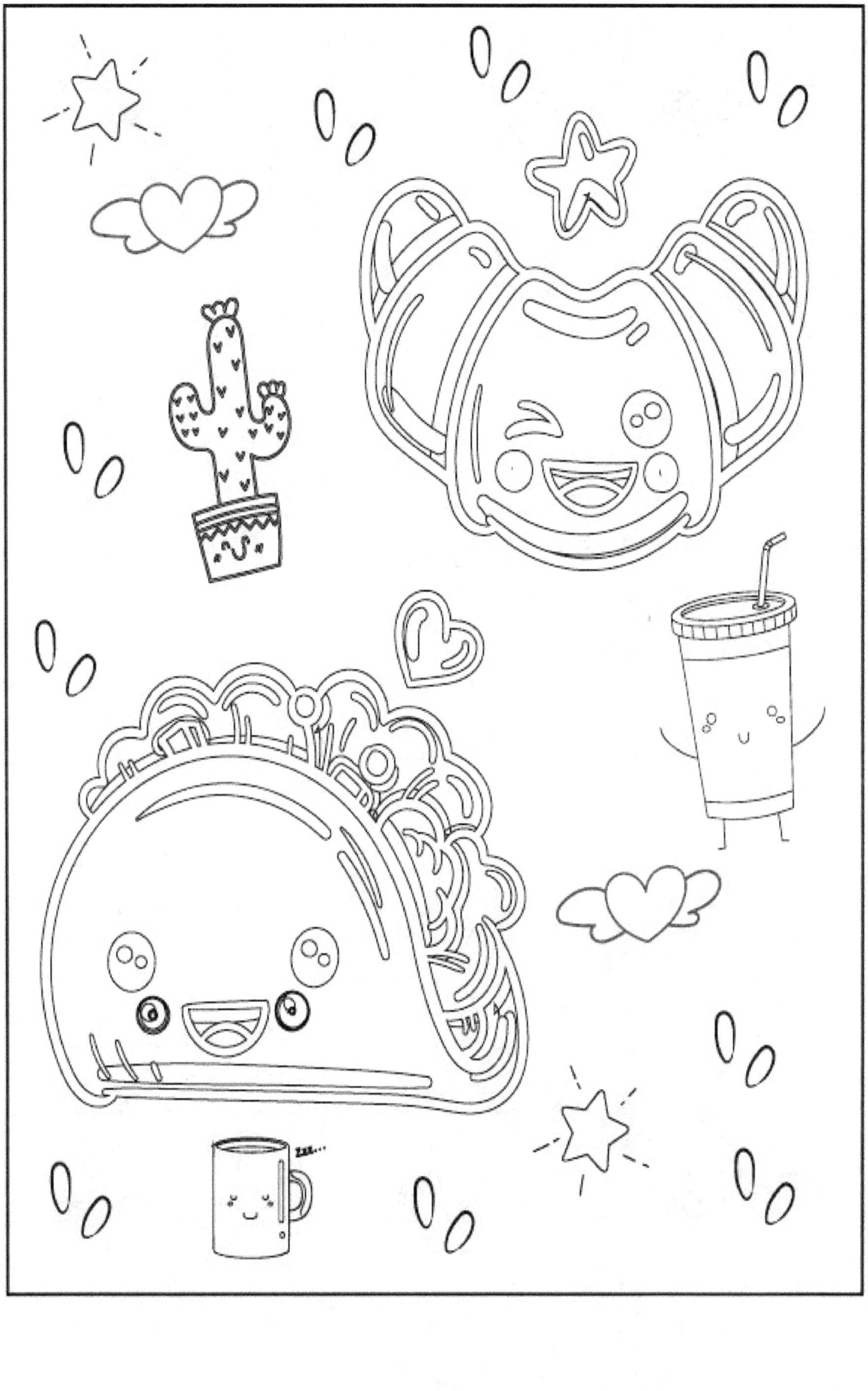
zzz...

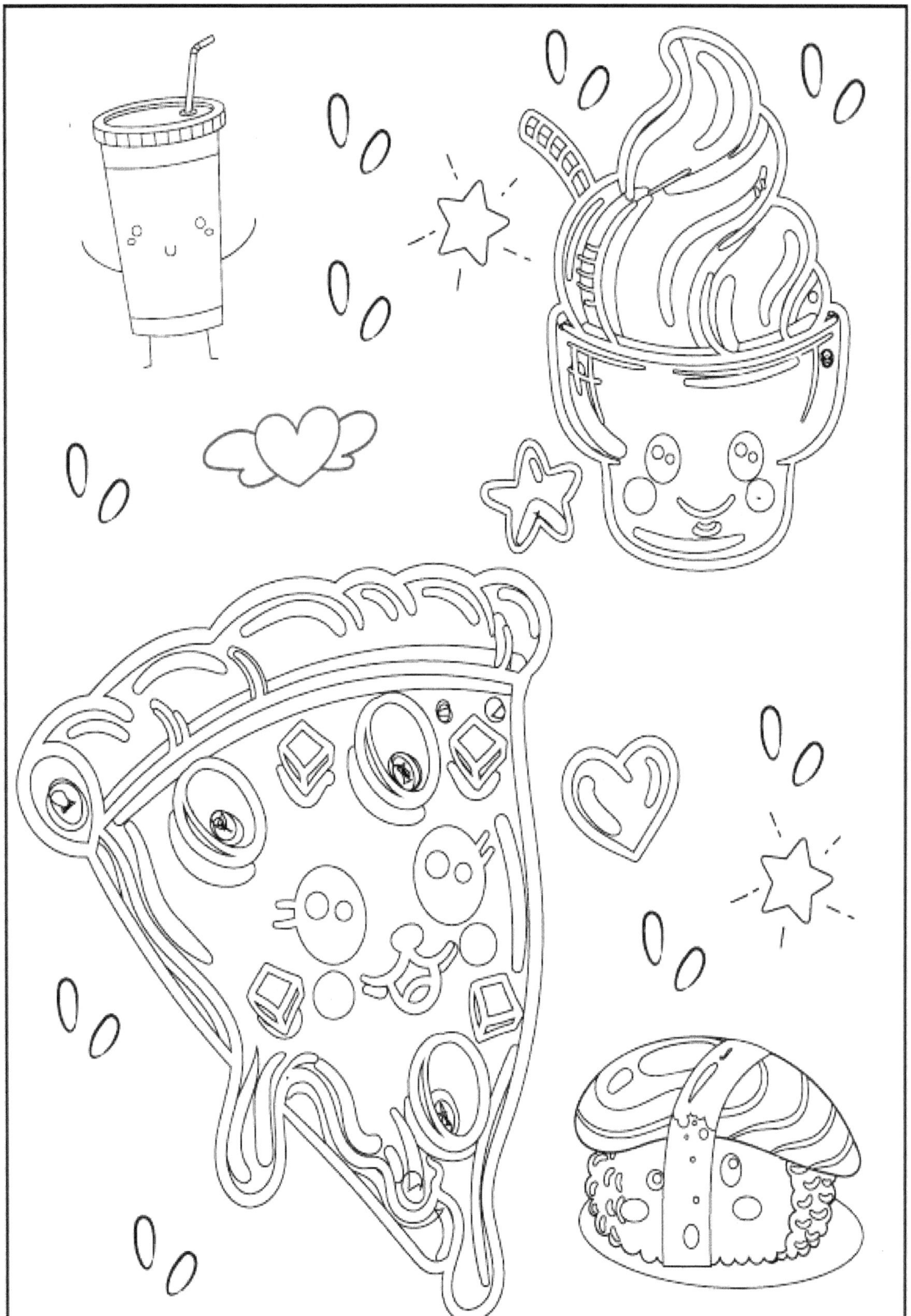

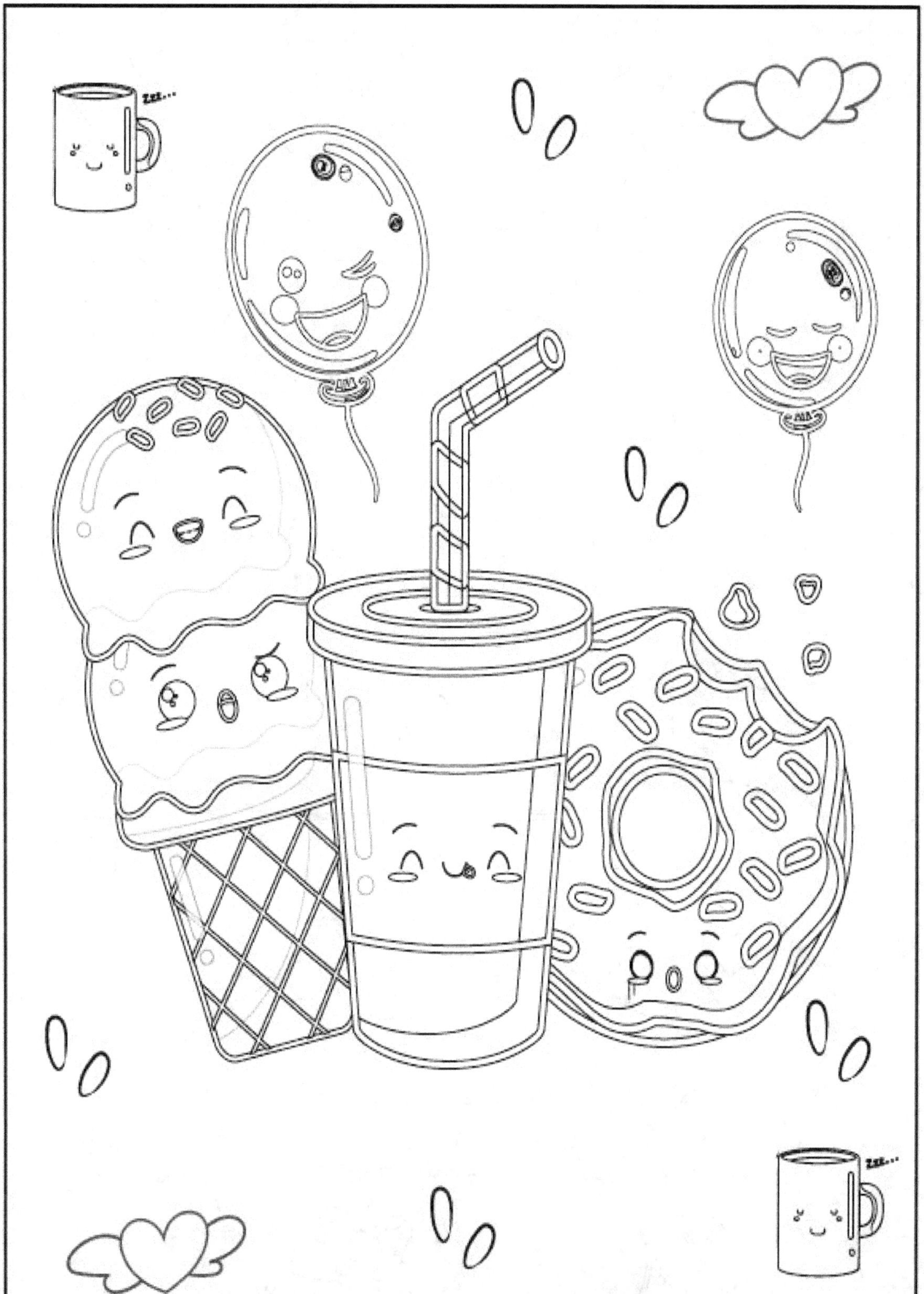
zzz...
zzz...

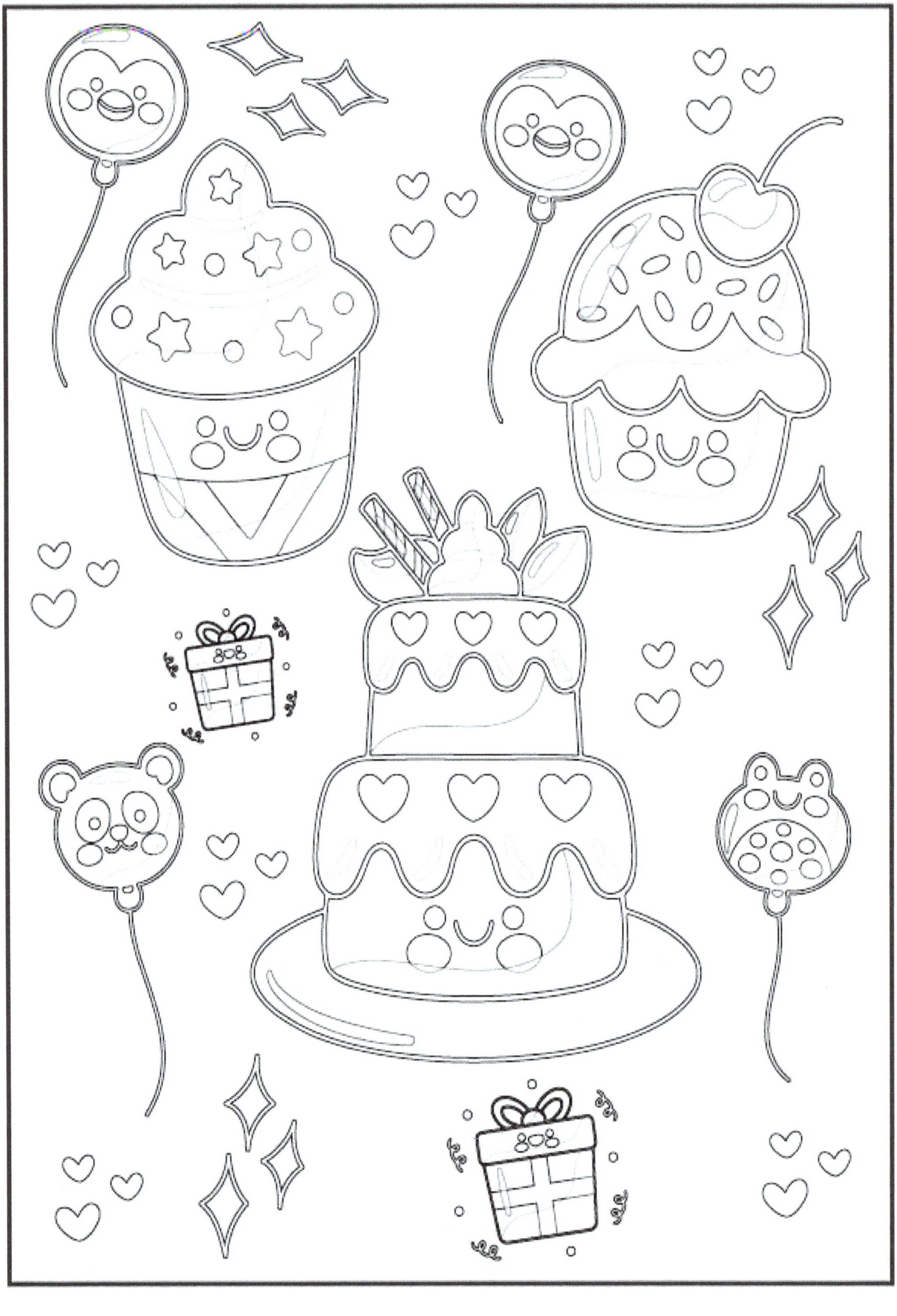

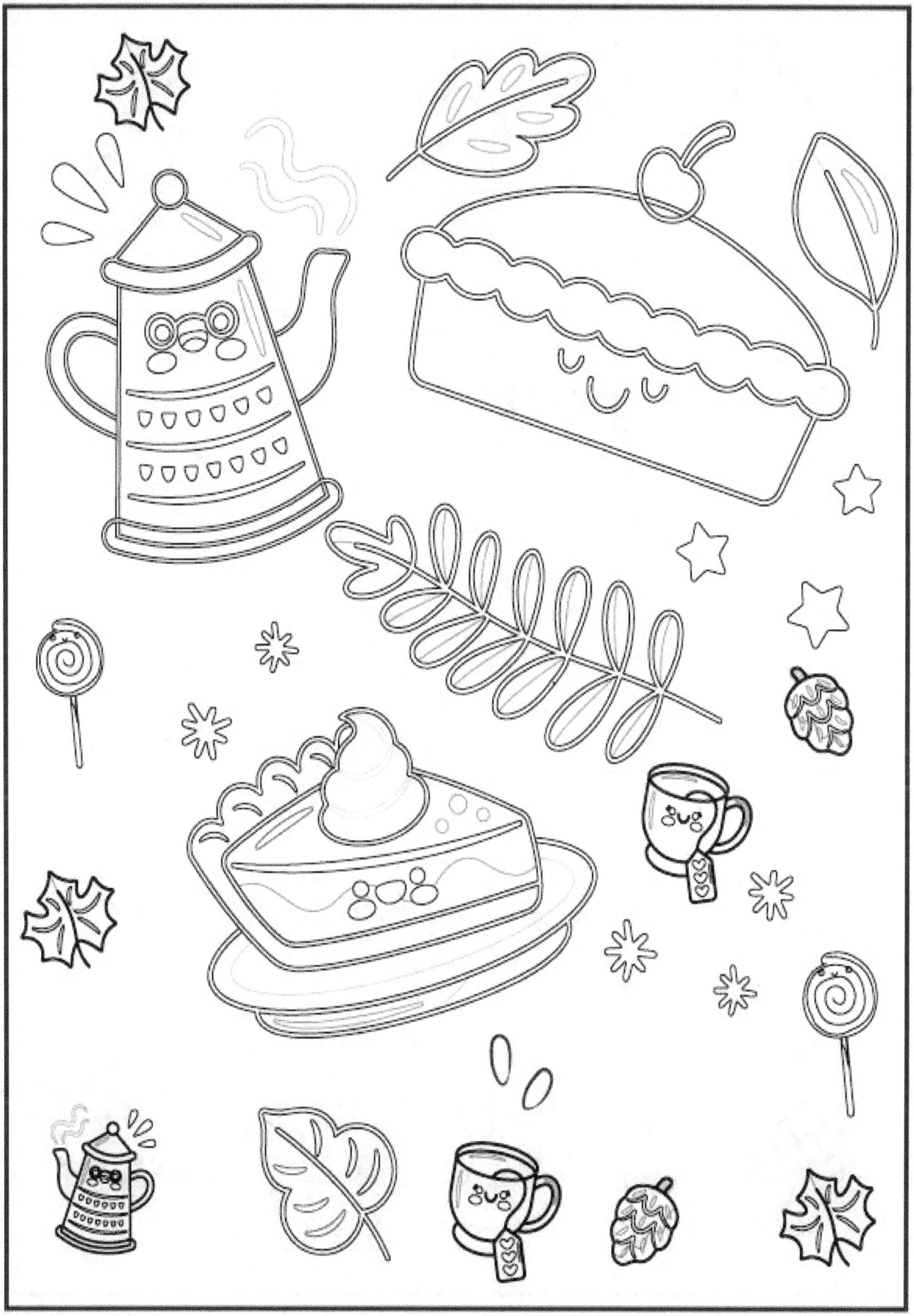

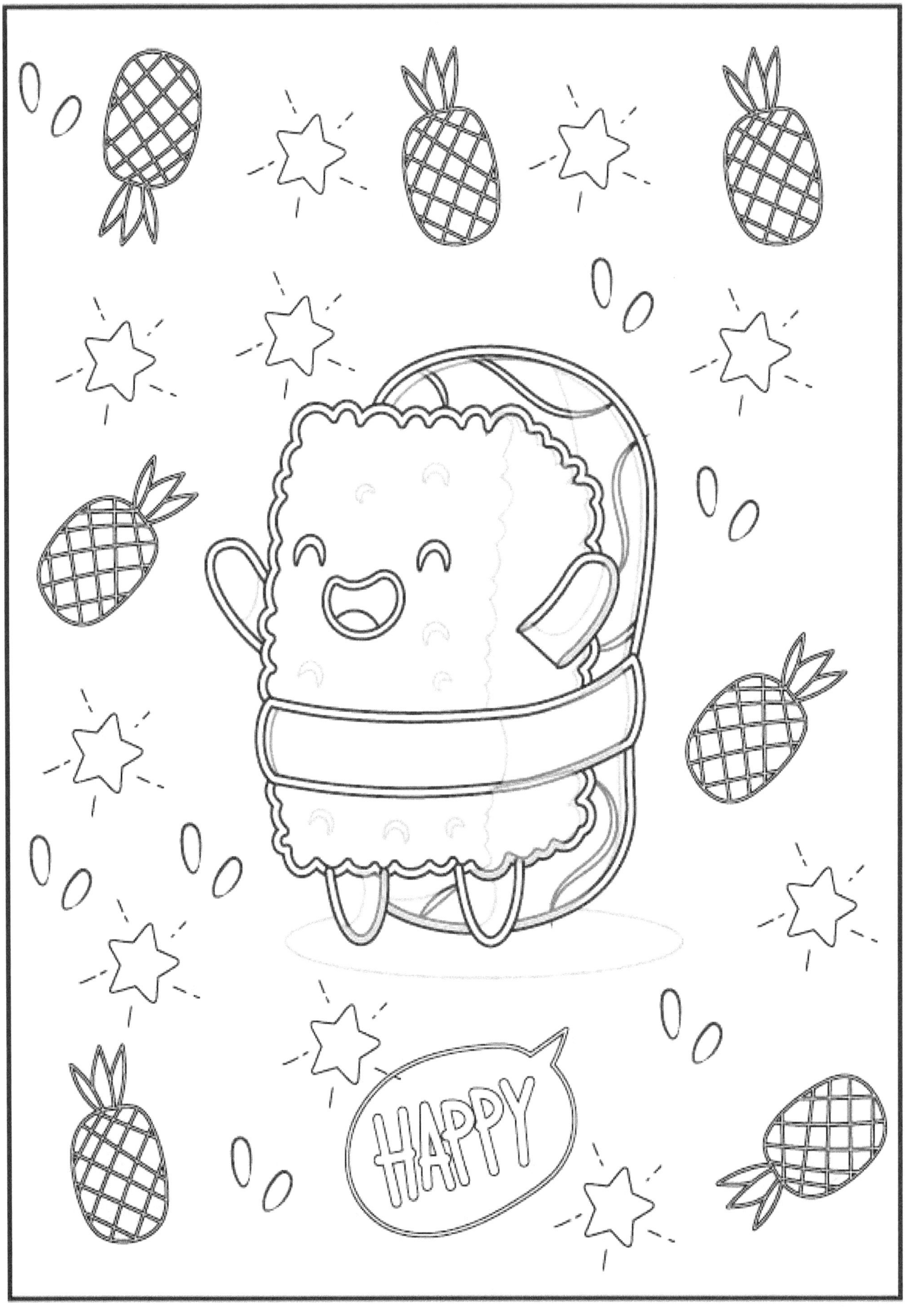
HAPPY

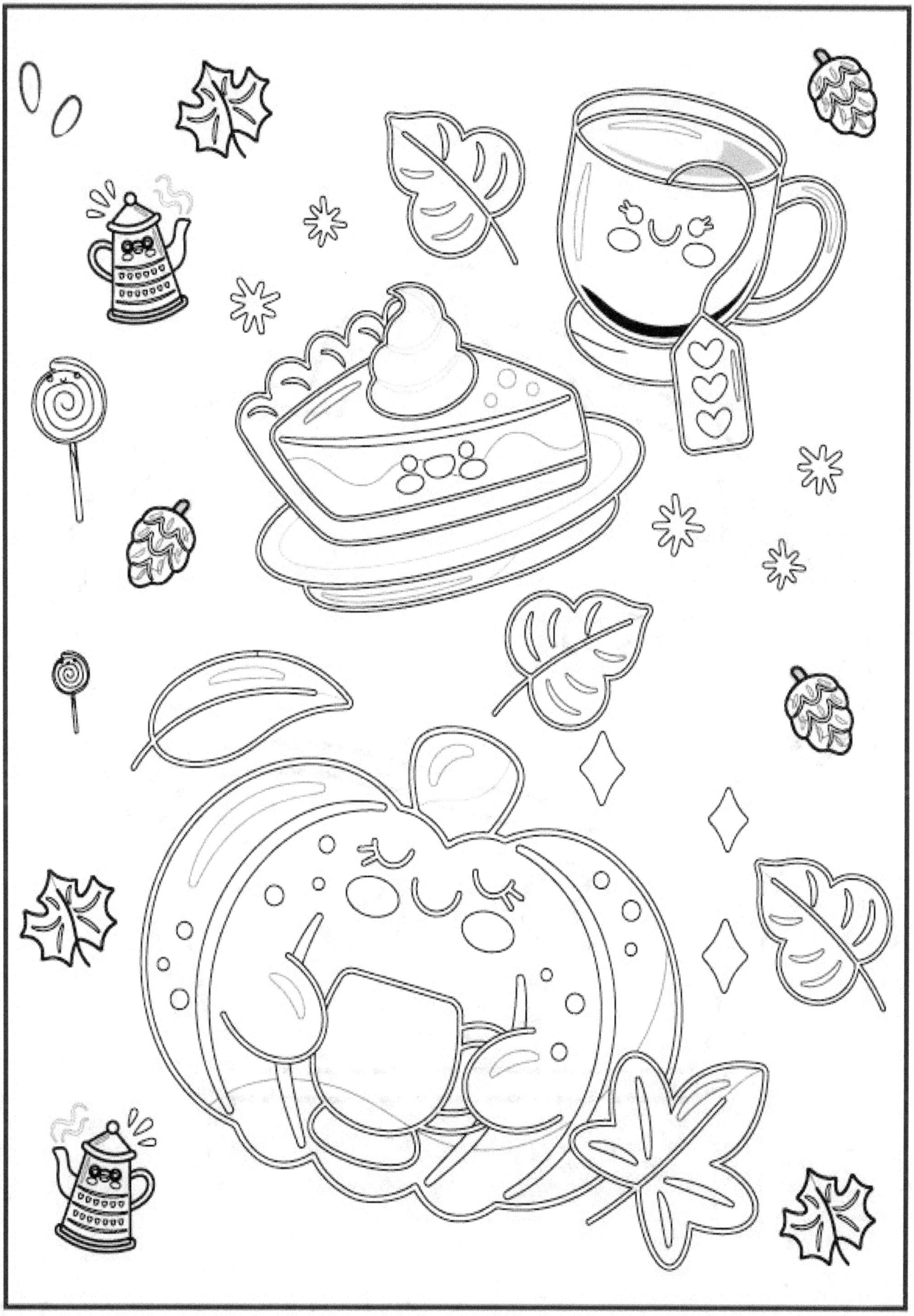

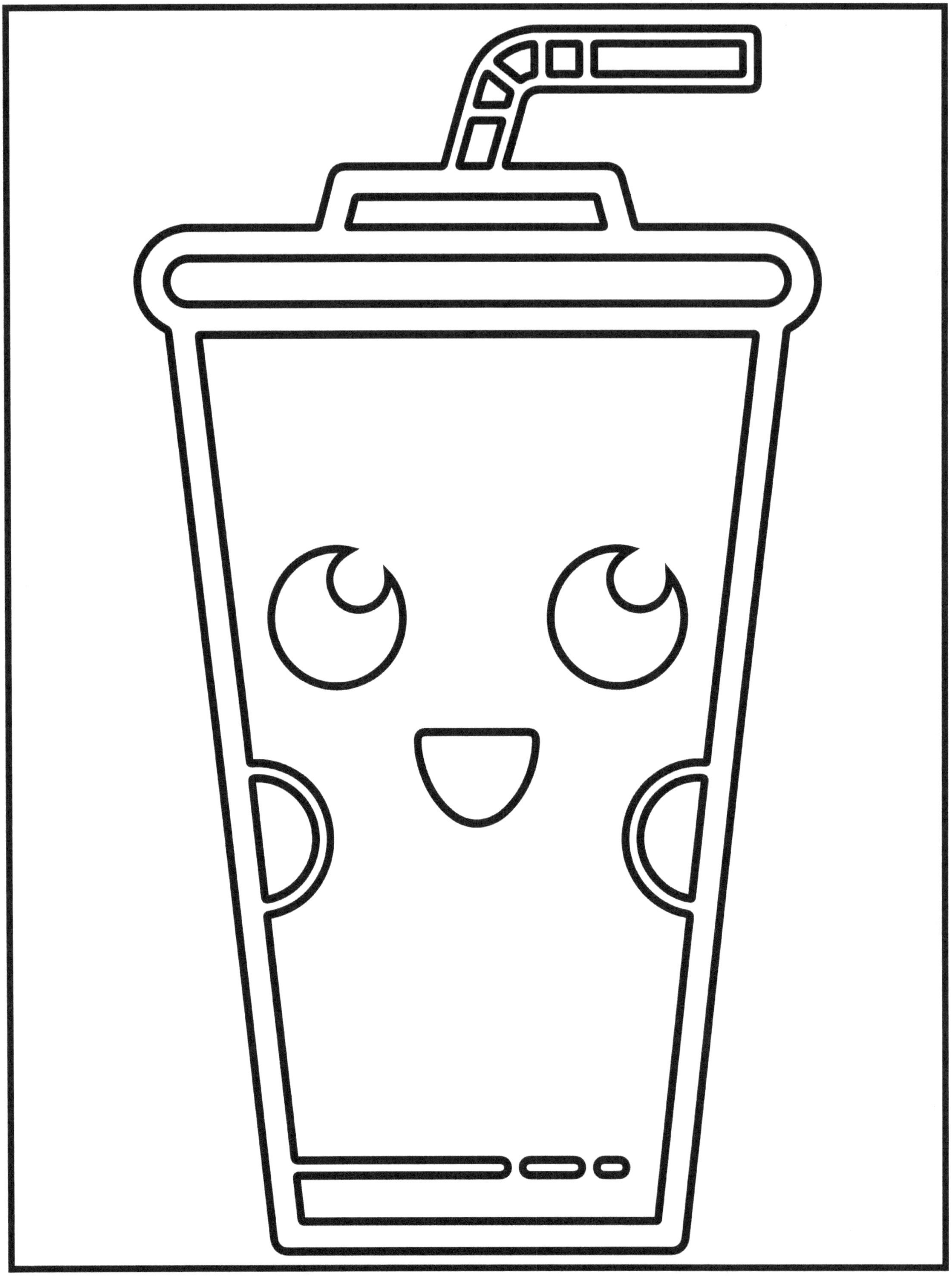

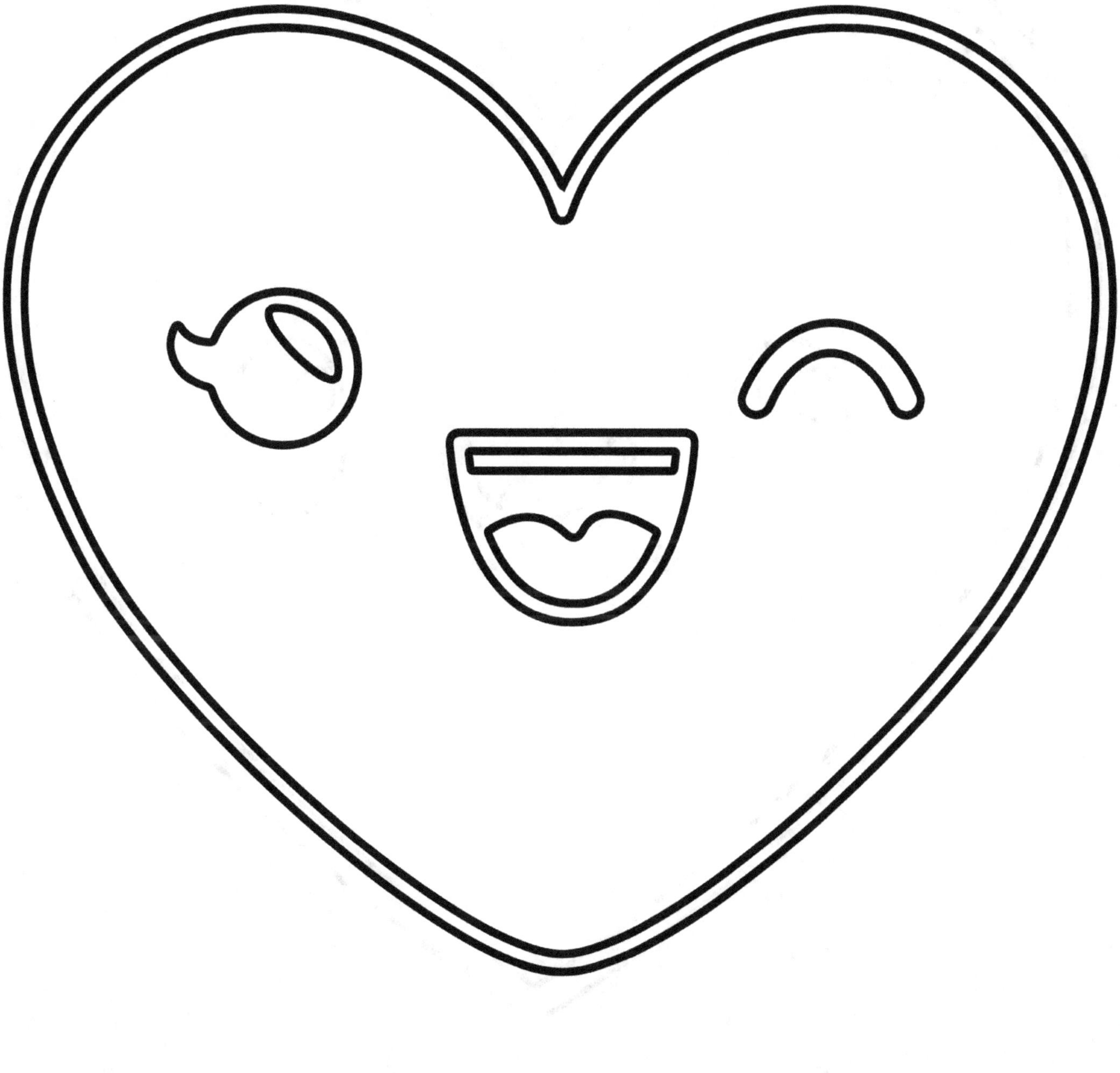

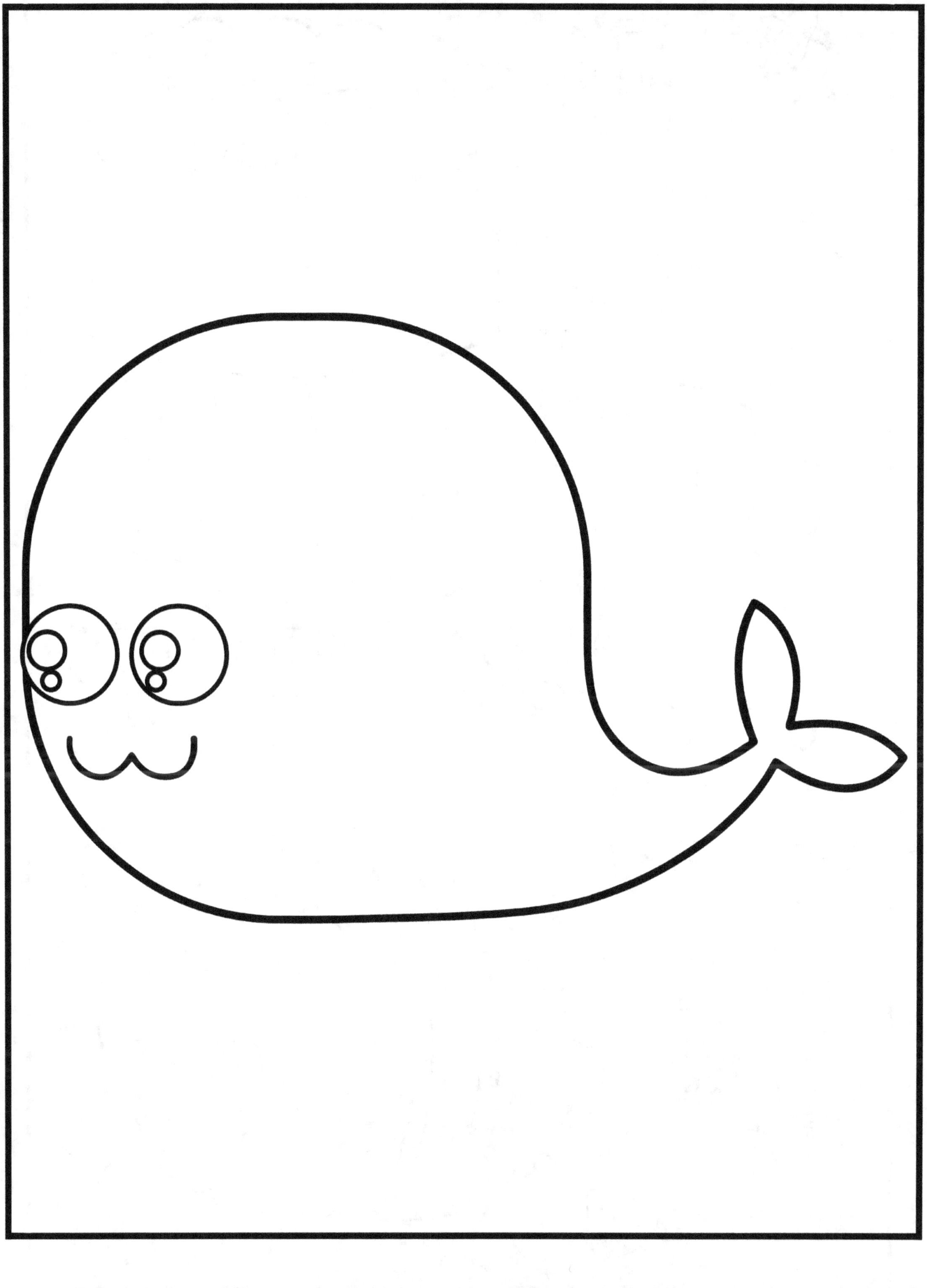

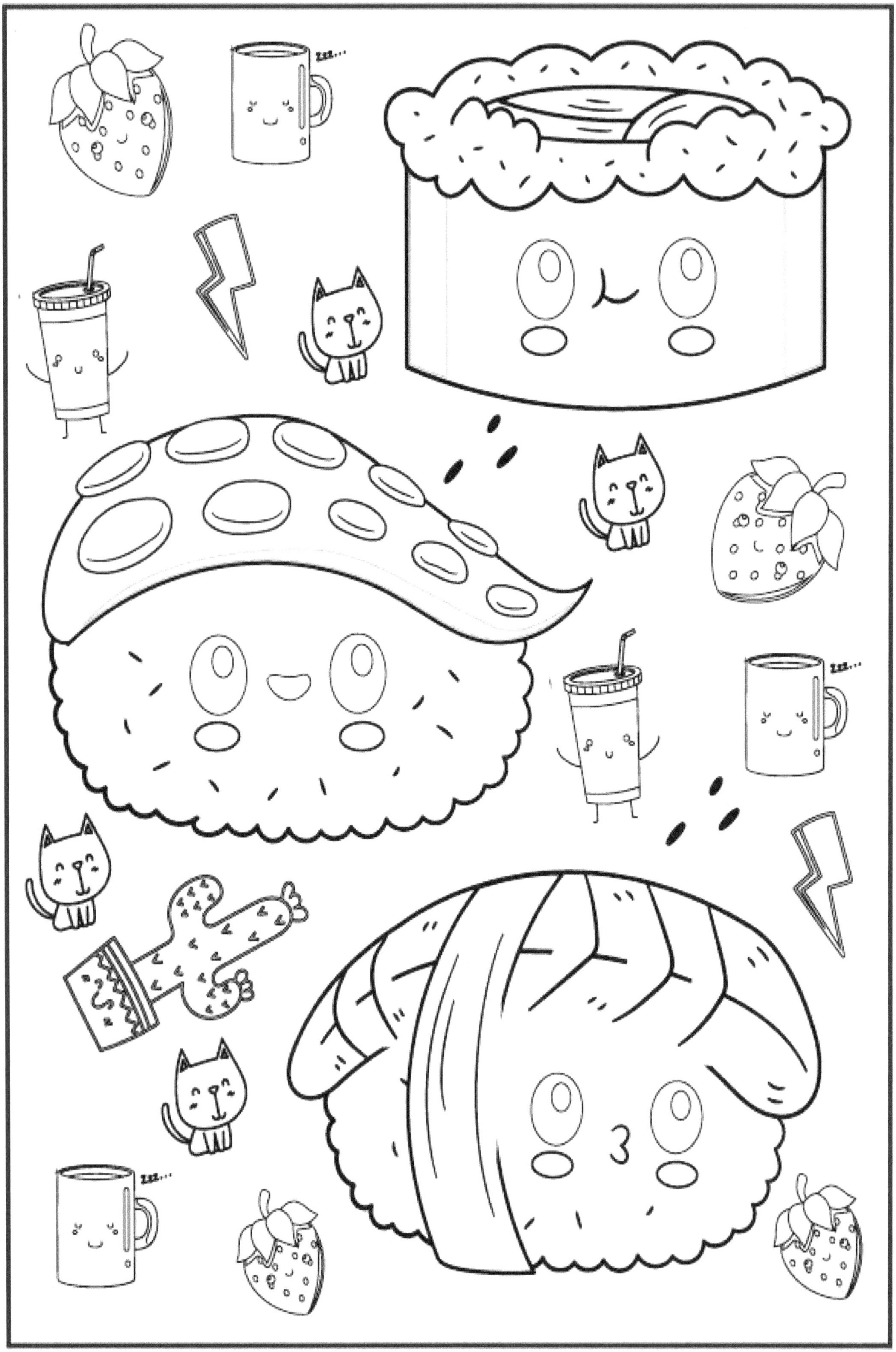
zzz...
zzz...
zzz...

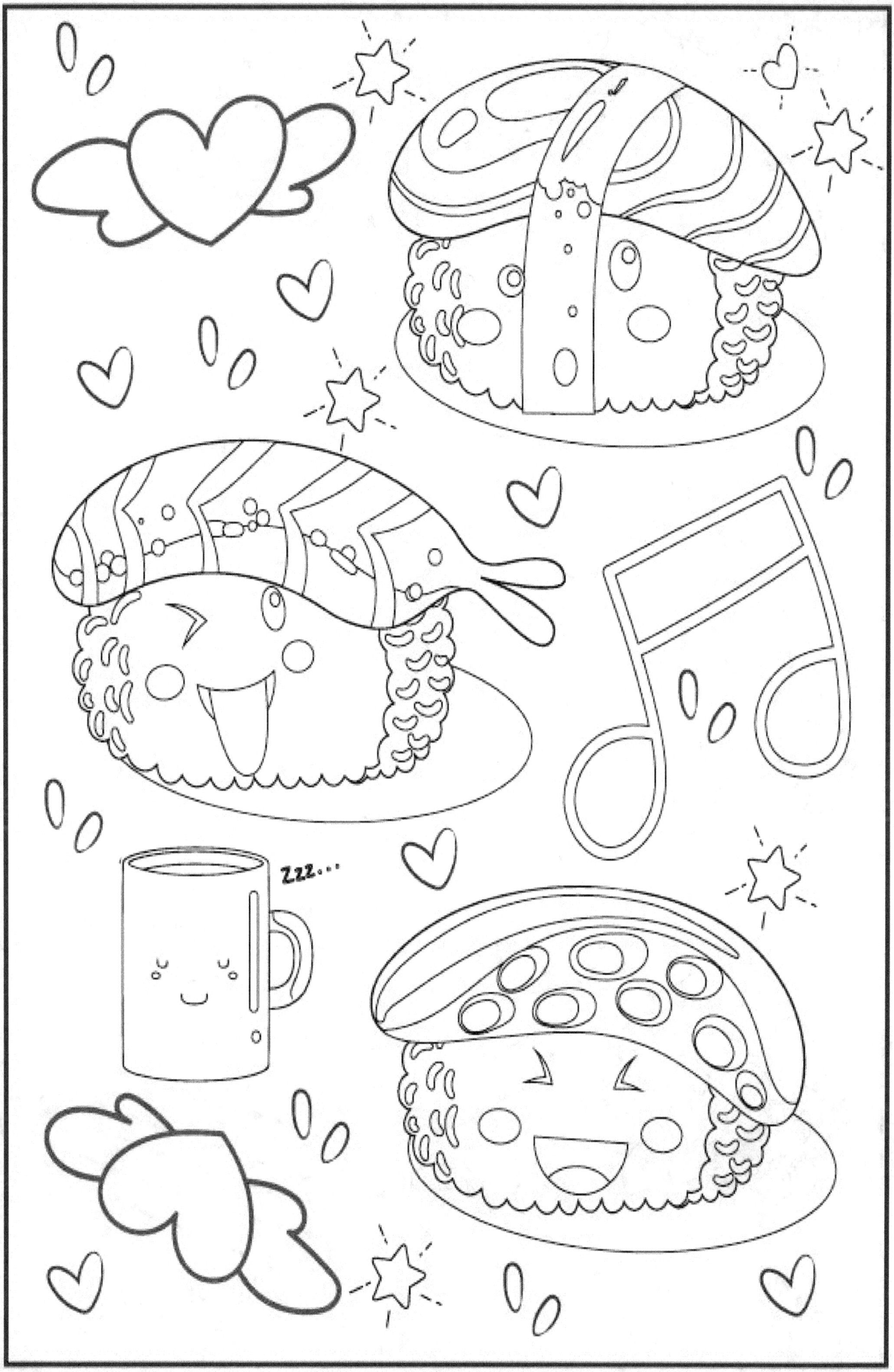
Zzz...

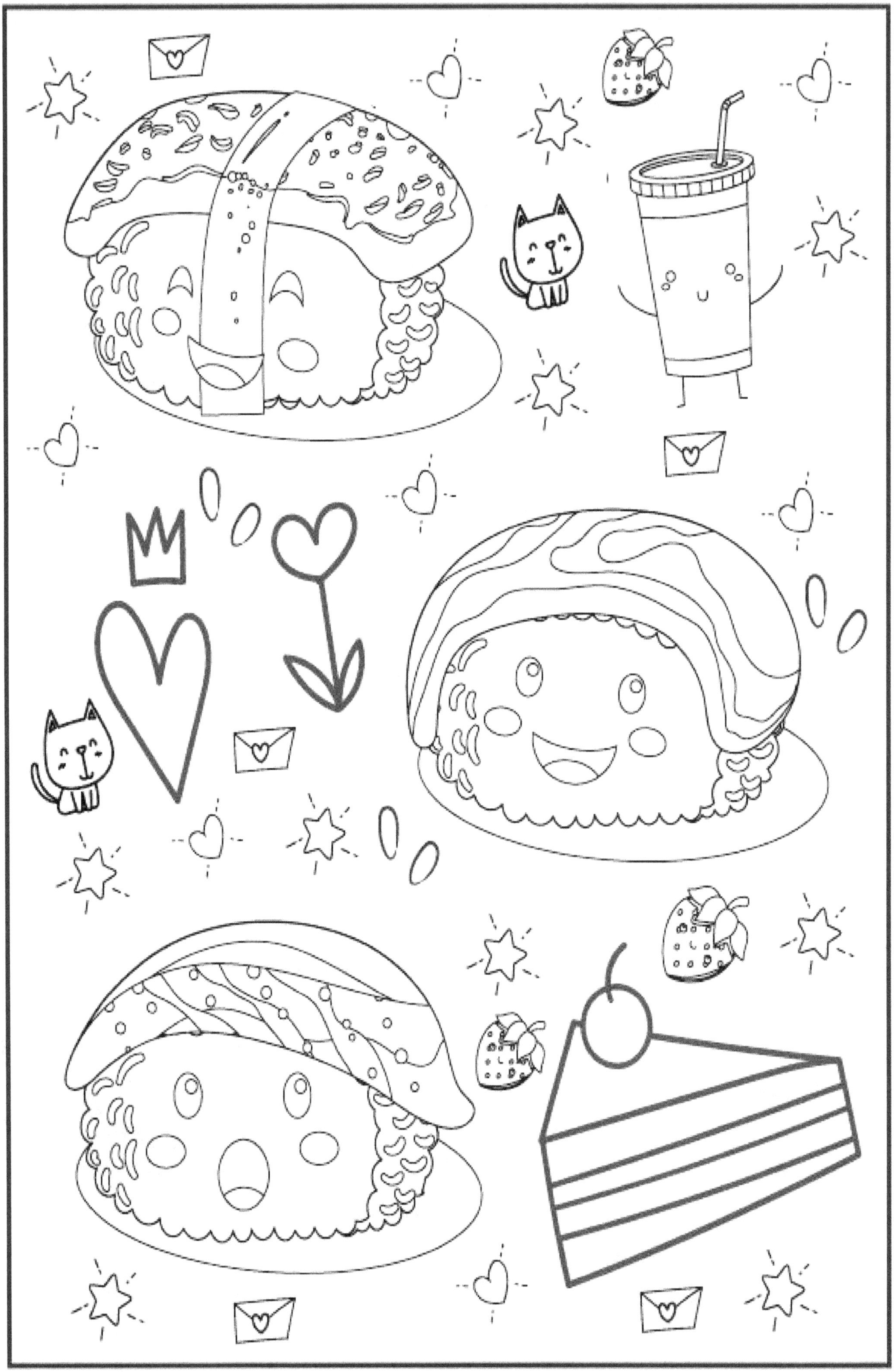

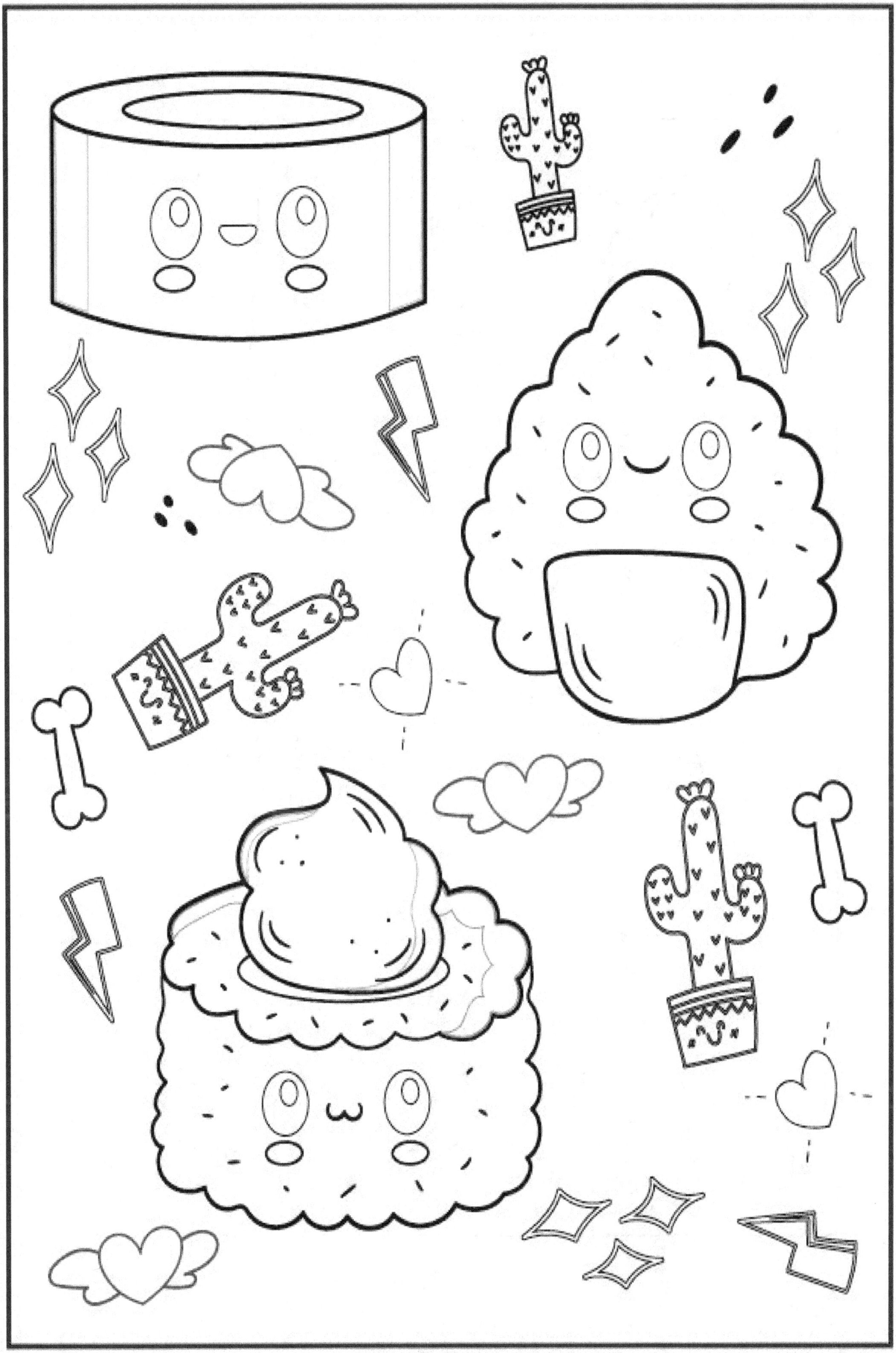

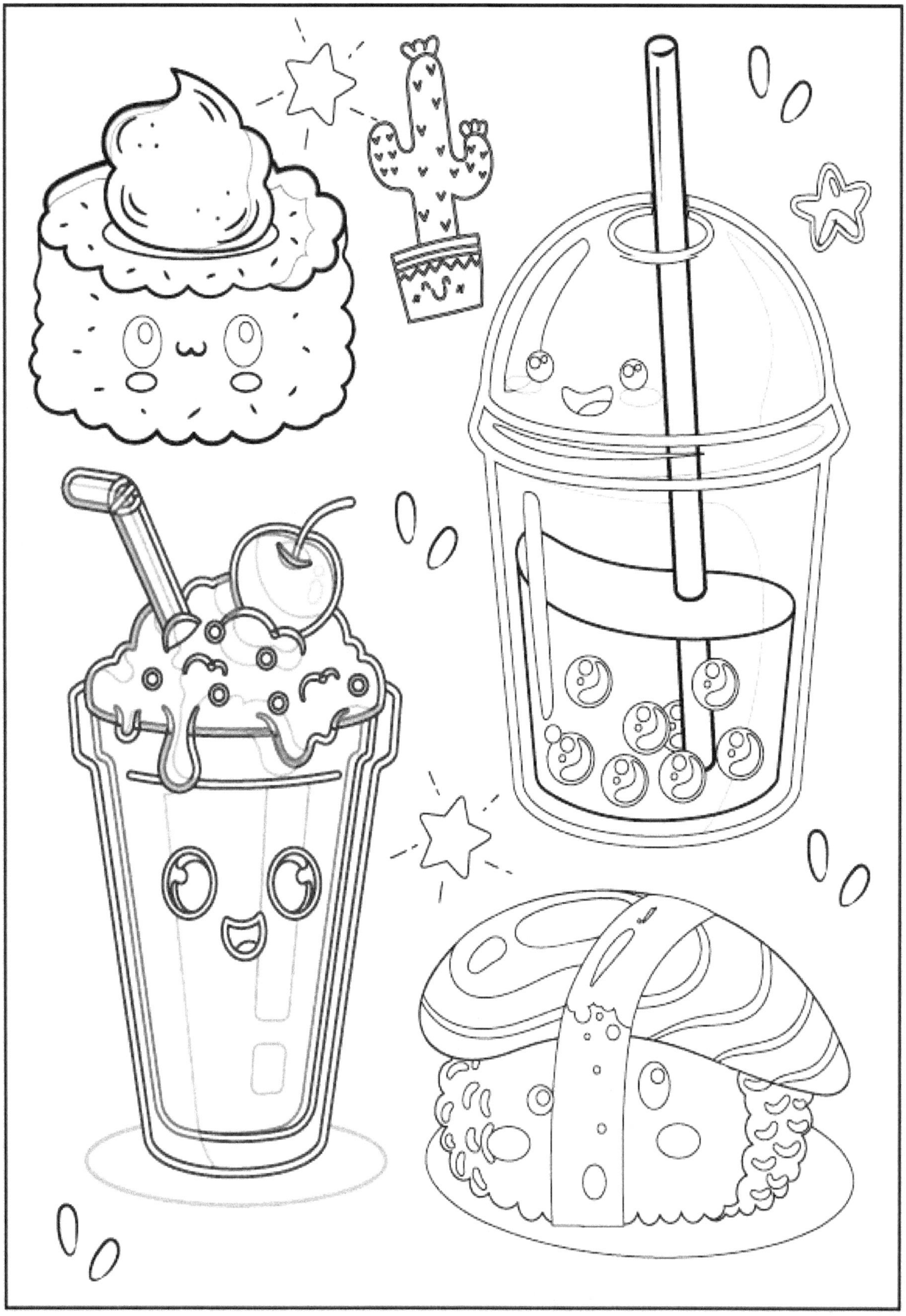

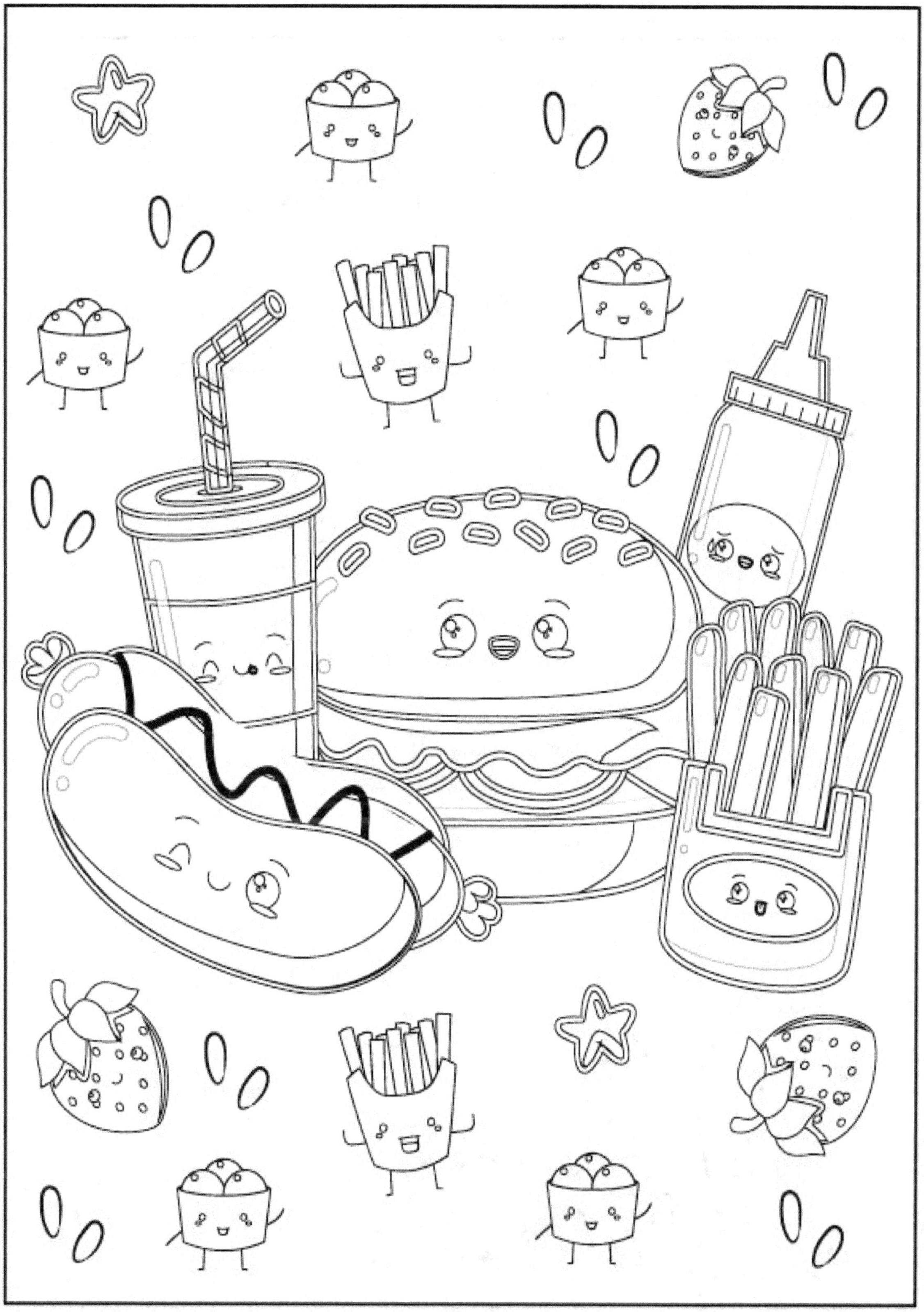

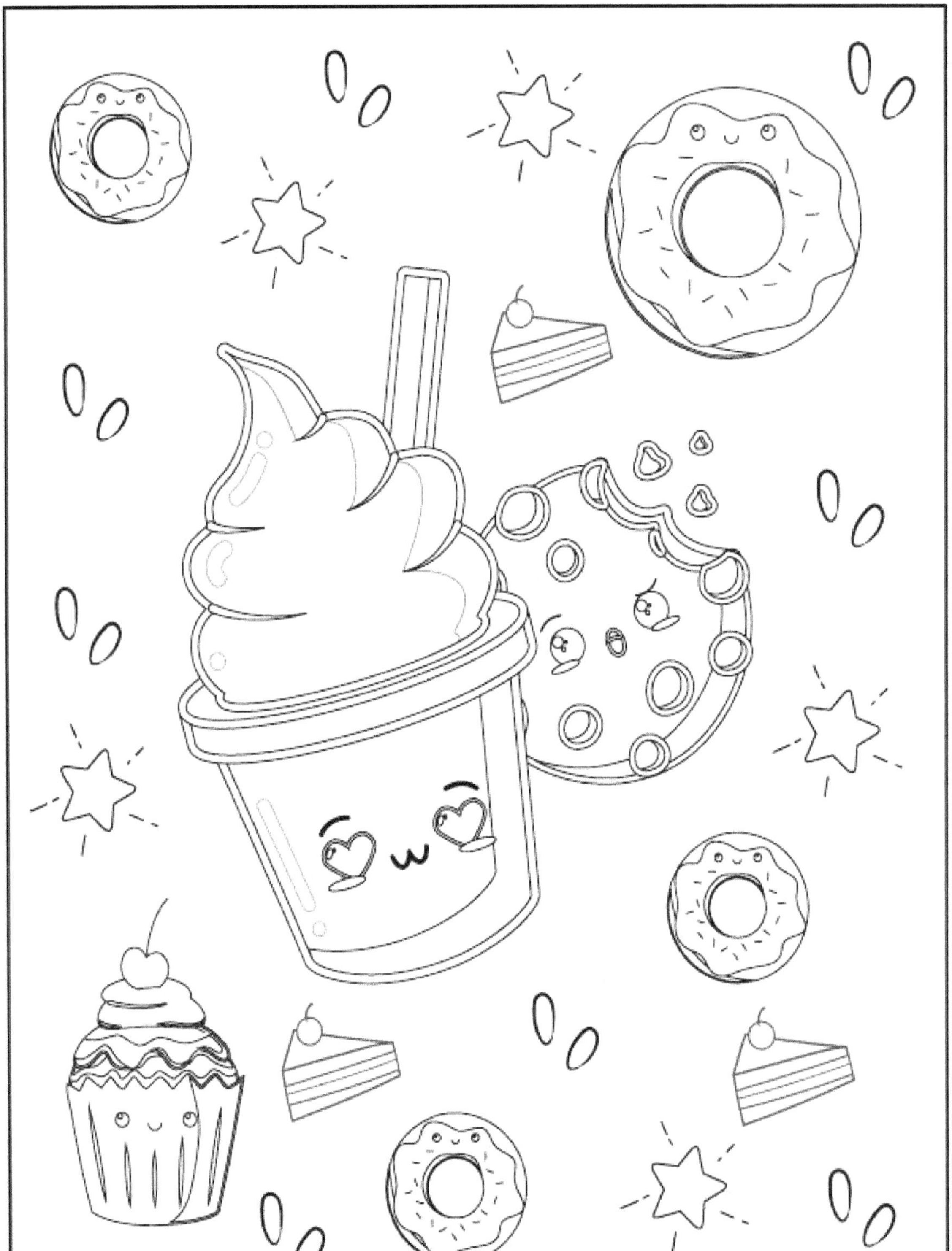

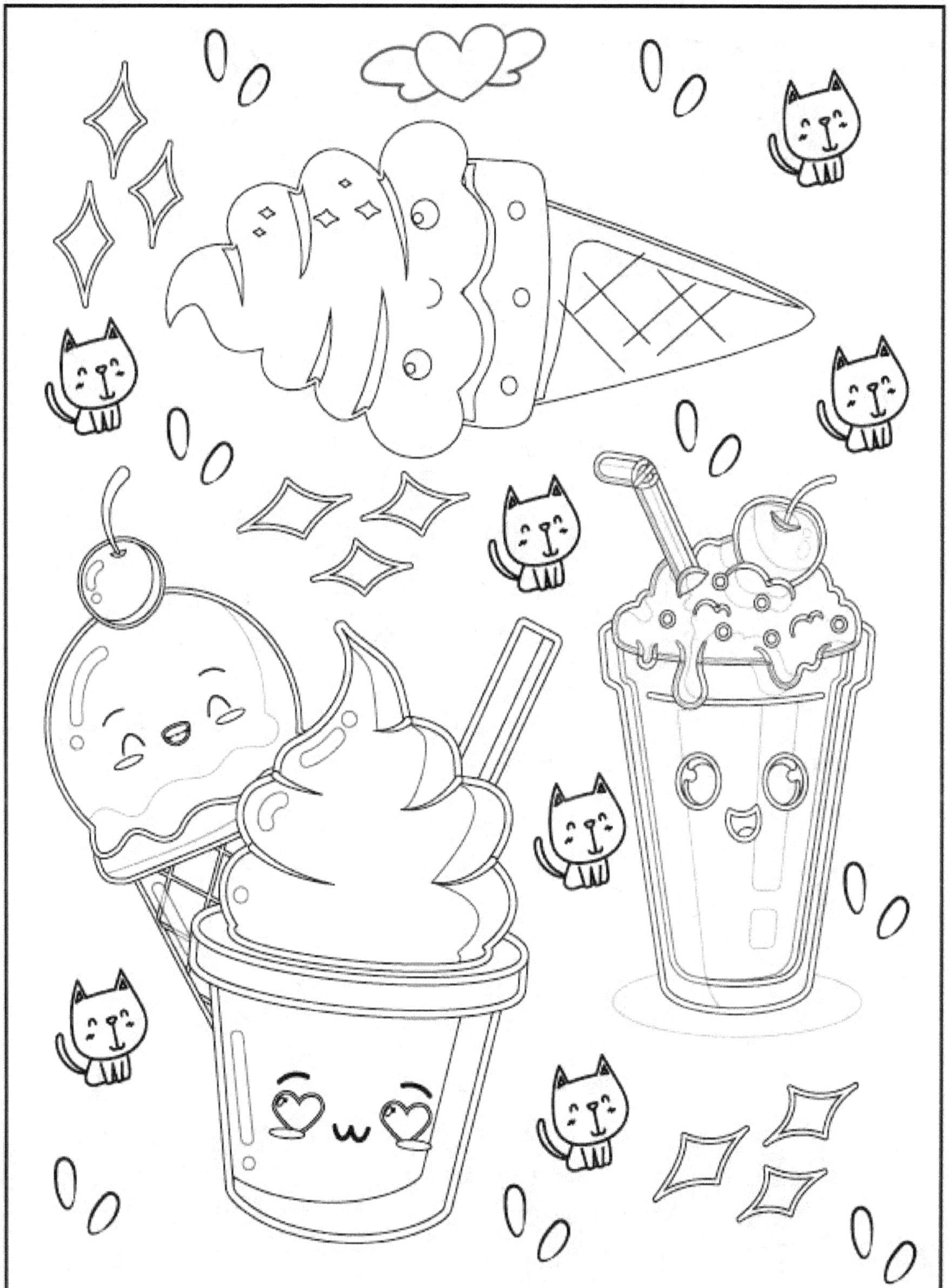

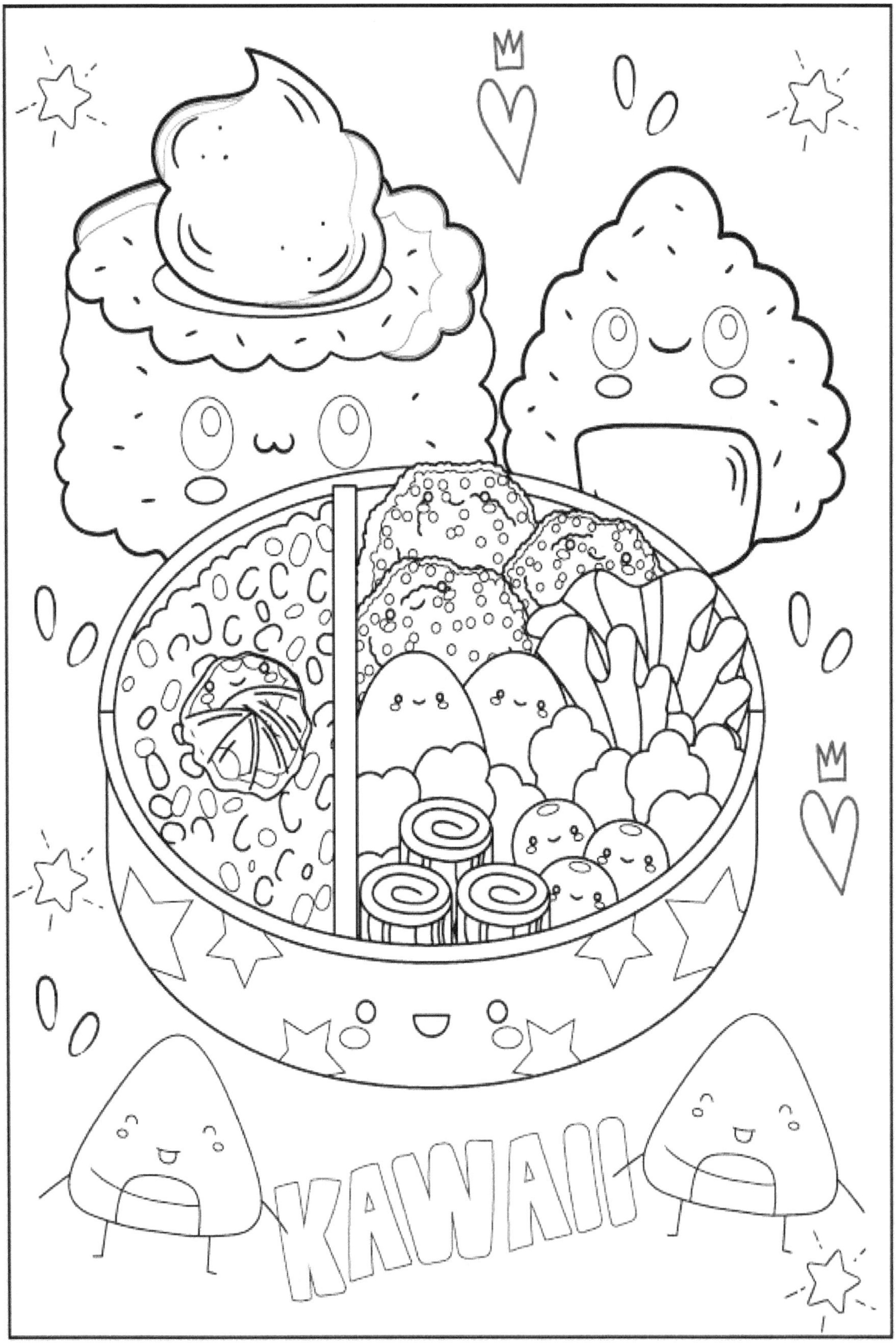
KAWAII

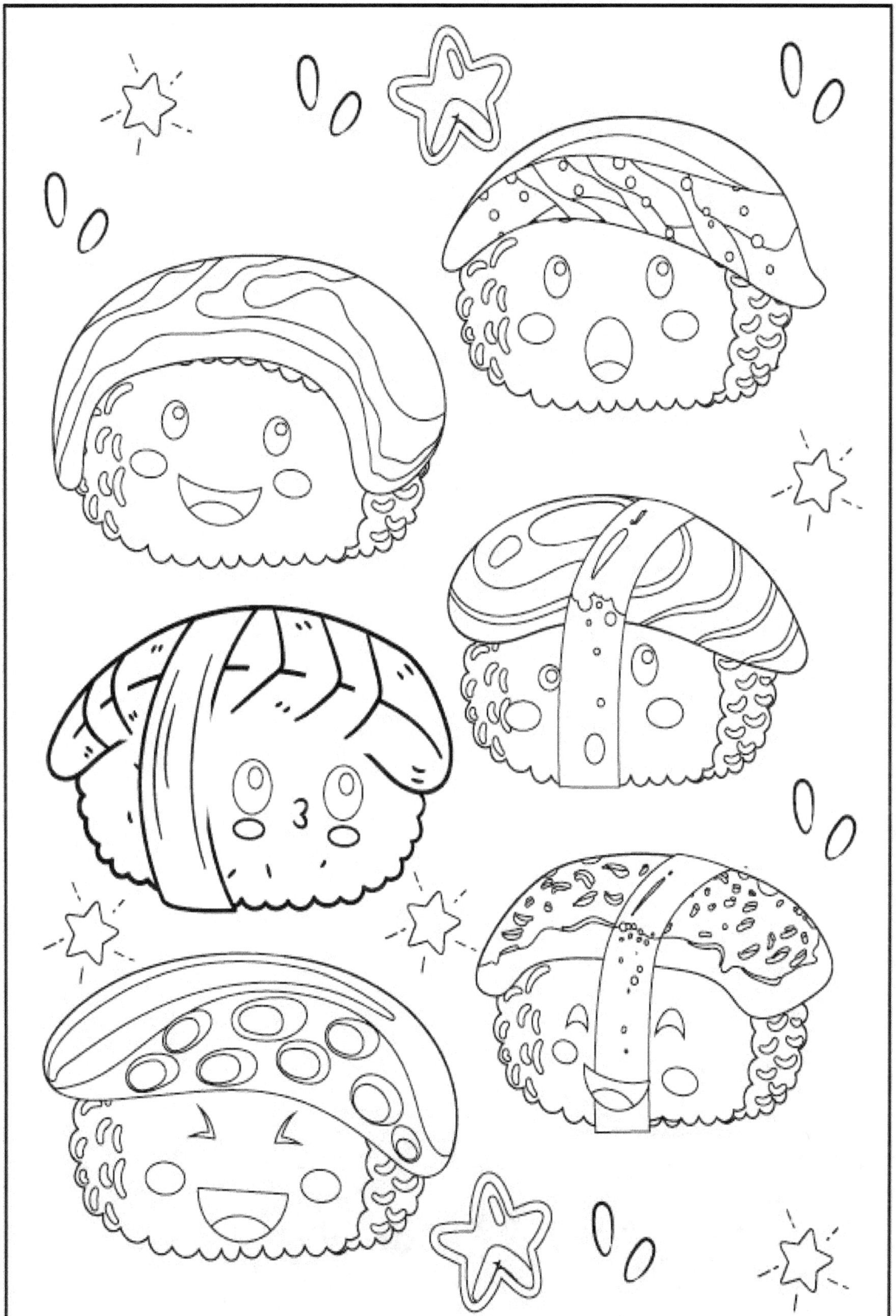

www.ingramcontent.com/pod-product-compliance
Lightning Source LLC
Chambersburg PA
CBHW080440220526
45465CB00009B/3370
* 9 7 9 8 3 5 1 5 9 2 6 4 0 *